How to Draw Things for Kids

Learning to Draw is Fun. Start off lightly and don't worry about making mistakes, as long you have your eraser you can make it right - start drawing today.

 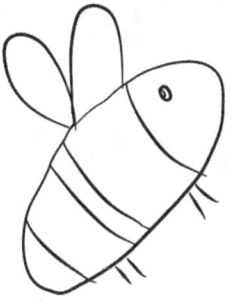 

HOW TO USE THIS BOOK

All you need is a pencil and eraser

A Simple Step-by-Step Guide to Drawing Cute Animals Vehicles, Food, and So Much more
-Easy Techniques-

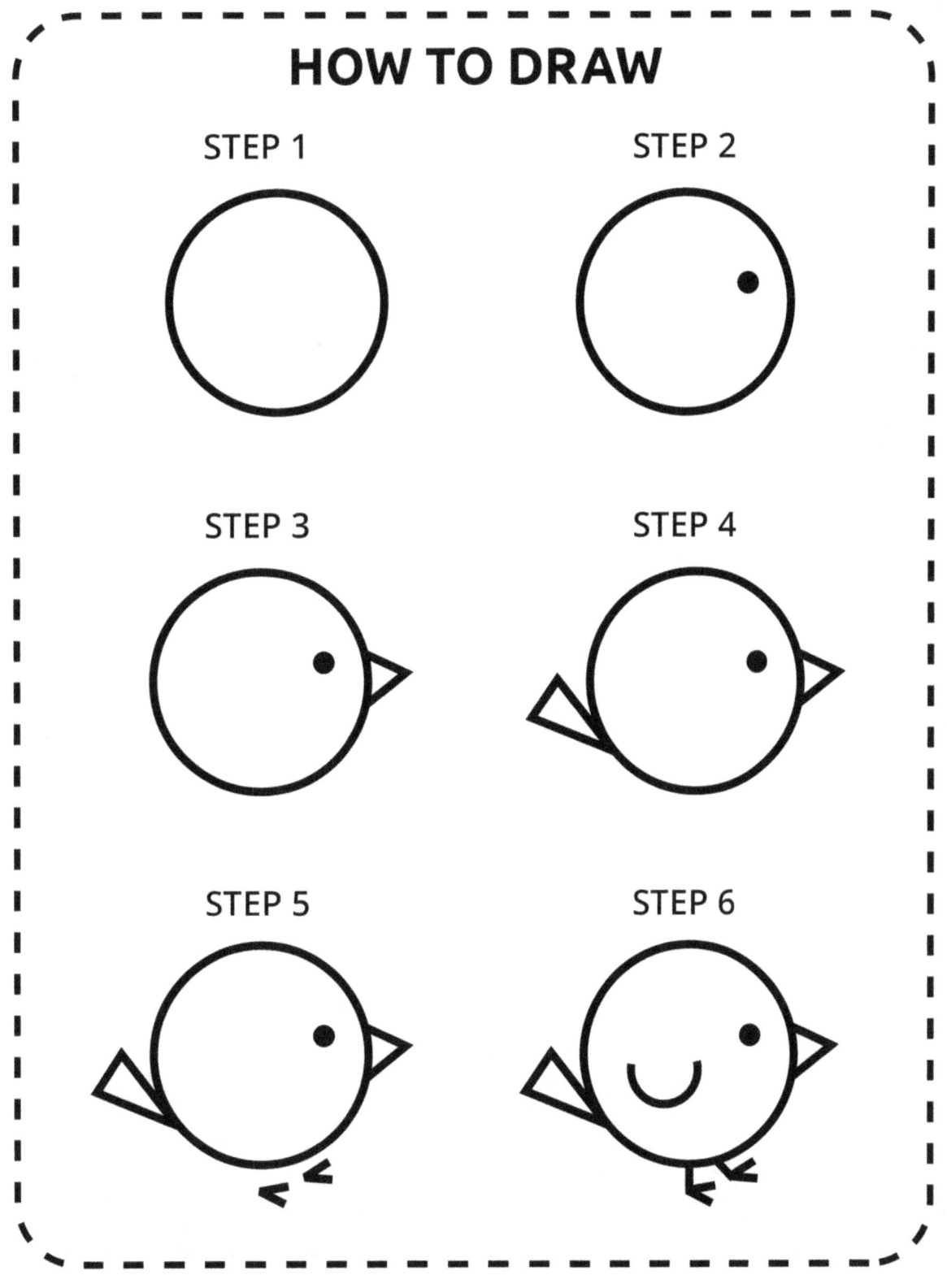

HOW TO DRAW AN EASY LADYBUG

HOW TO DRAW

STEP 1

STEP 2

STEP 3

STEP 4

STEP 5

STEP 6

HOW TO DRAW

STEP 1
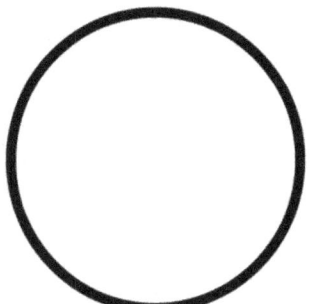

STEP 2

STEP 3

STEP 4

STEP 5

STEP 6

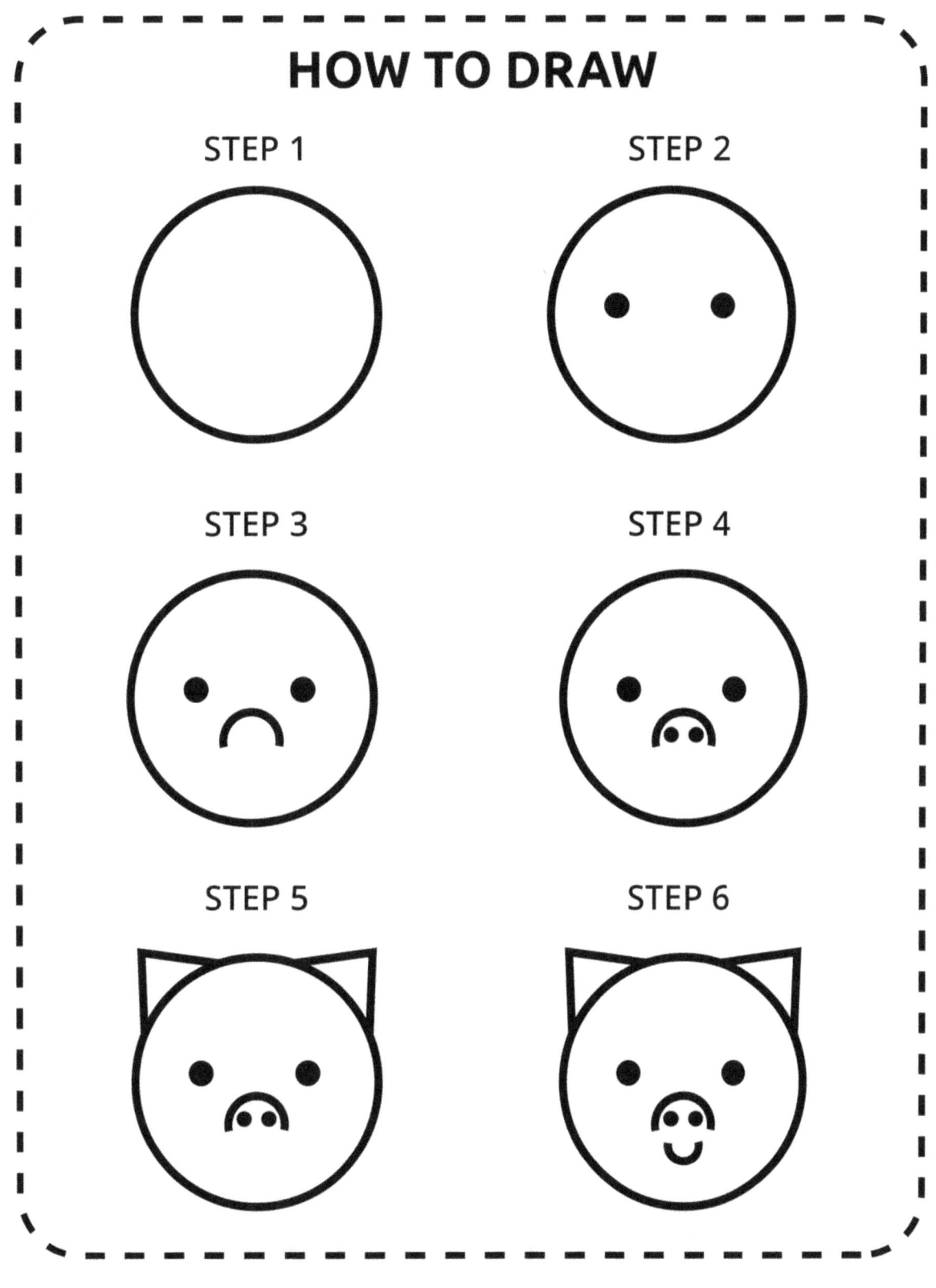

HOW TO DRAW

STEP 1

STEP 2

STEP 3

STEP 4

STEP 5

STEP 6

HOW TO DRAW AN EASY RABBIT

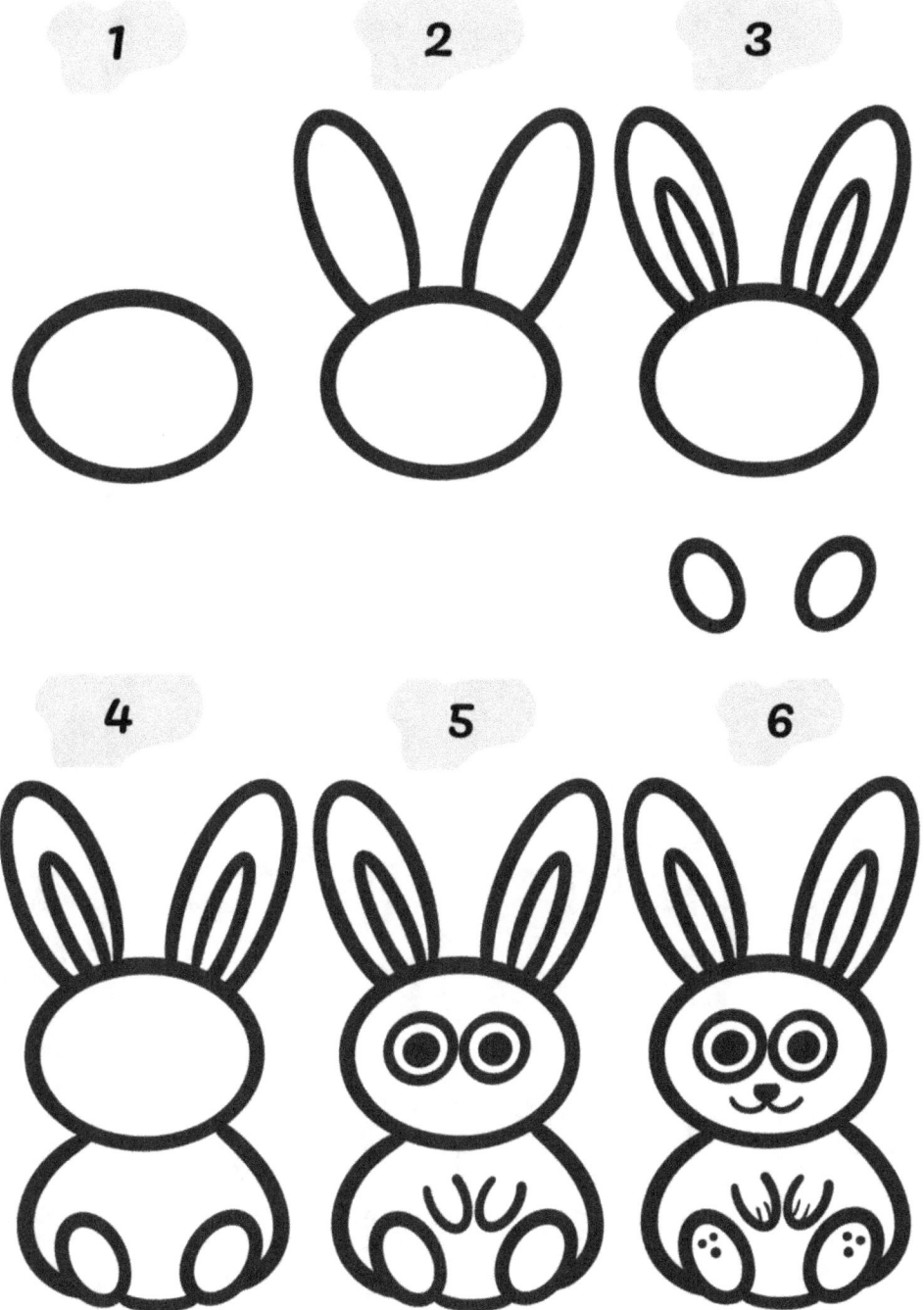

HOW TO DRAW

STEP 1

STEP 2

STEP 3

STEP 4

STEP 5

STEP 6

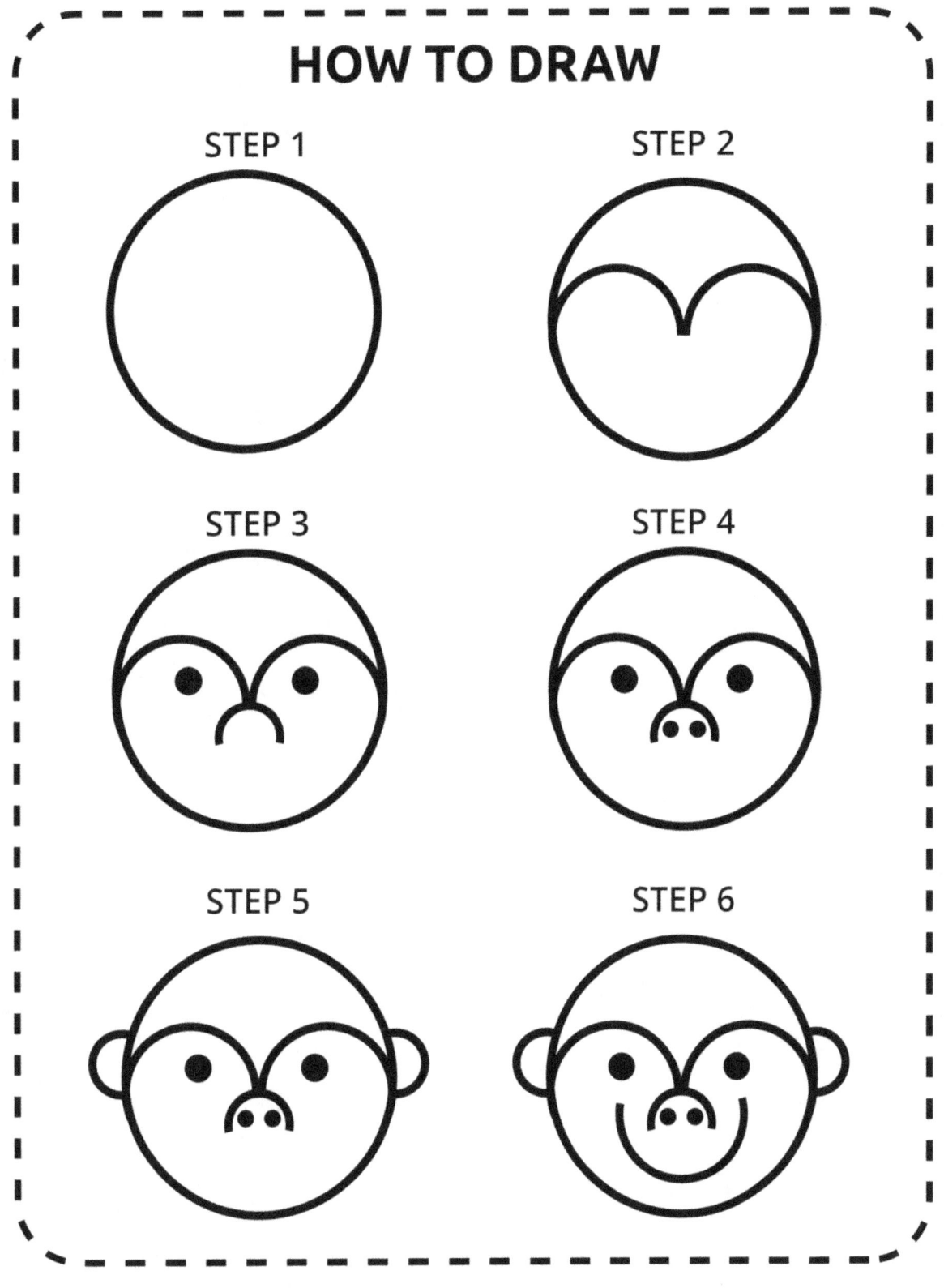

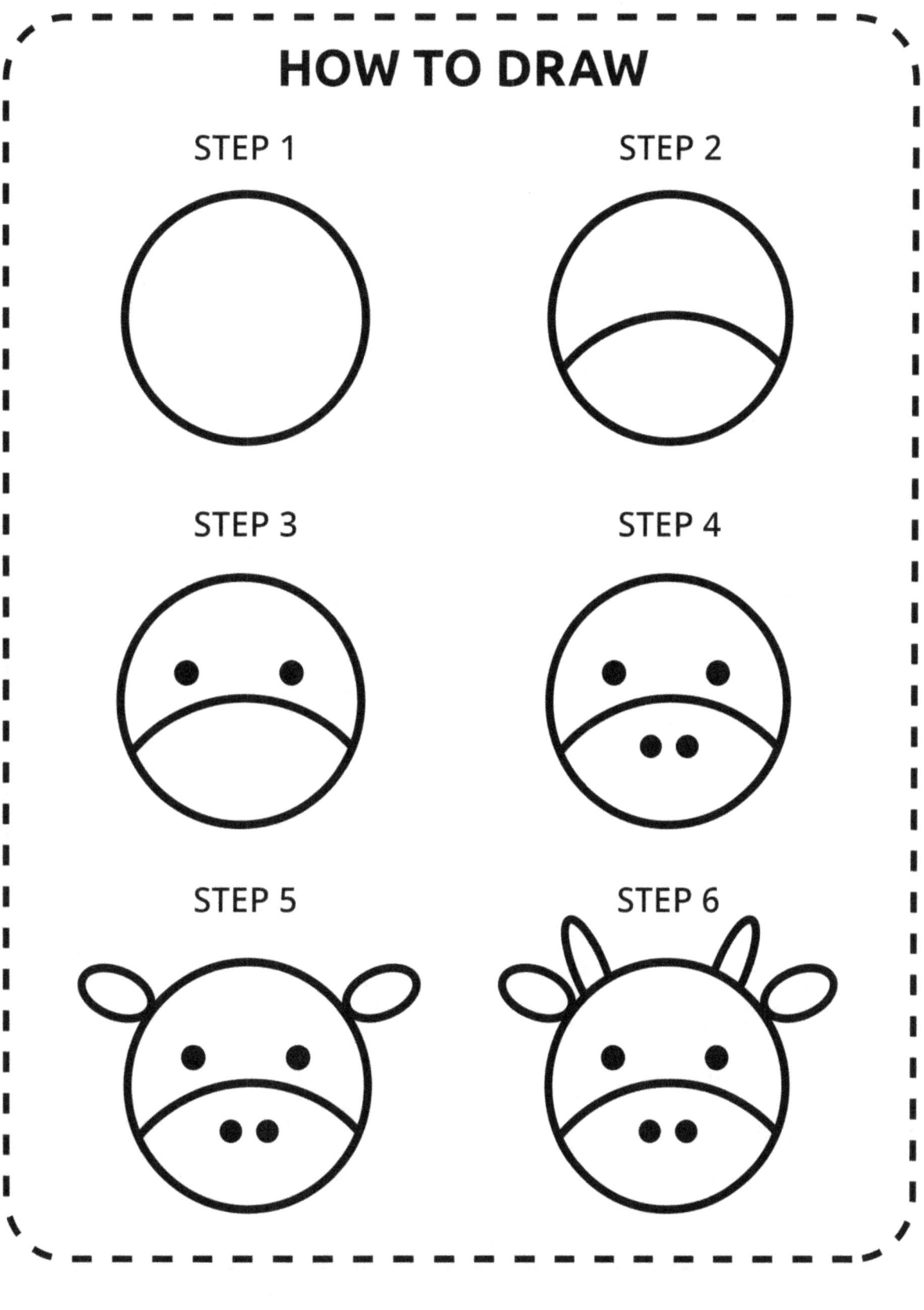

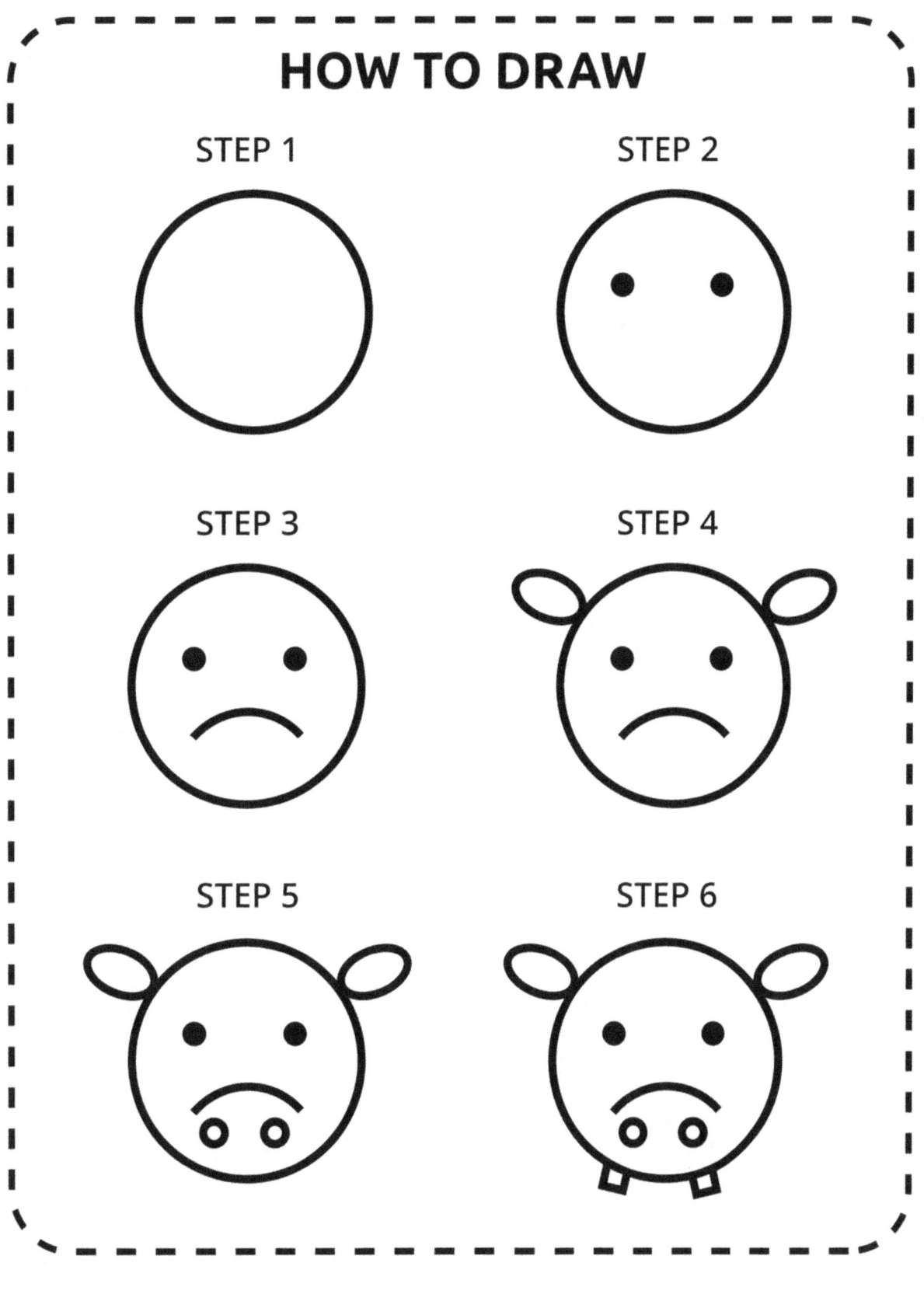

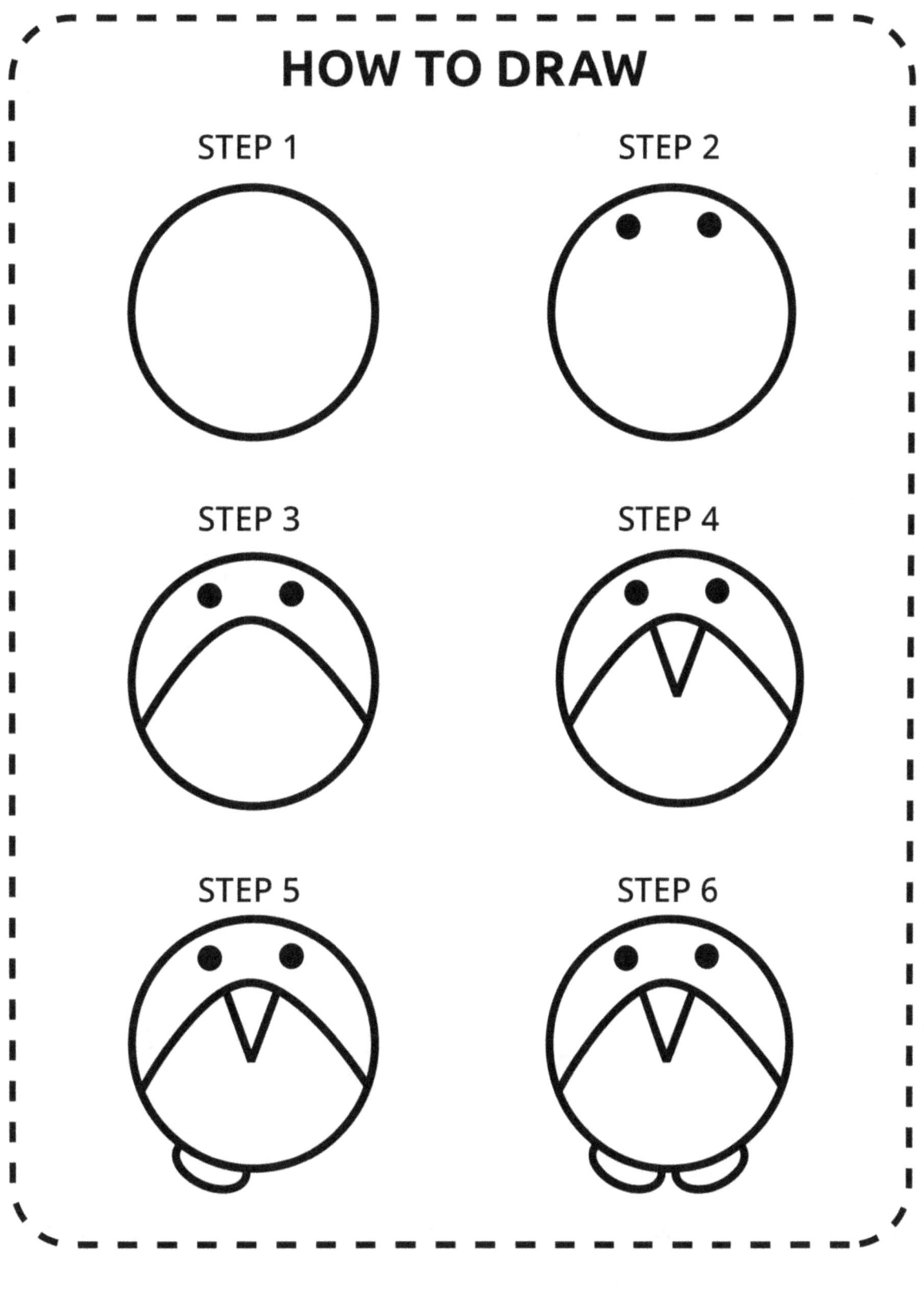

HOW TO DRAW

STEP 1

STEP 2

STEP 3

STEP 4

STEP 5

STEP 6

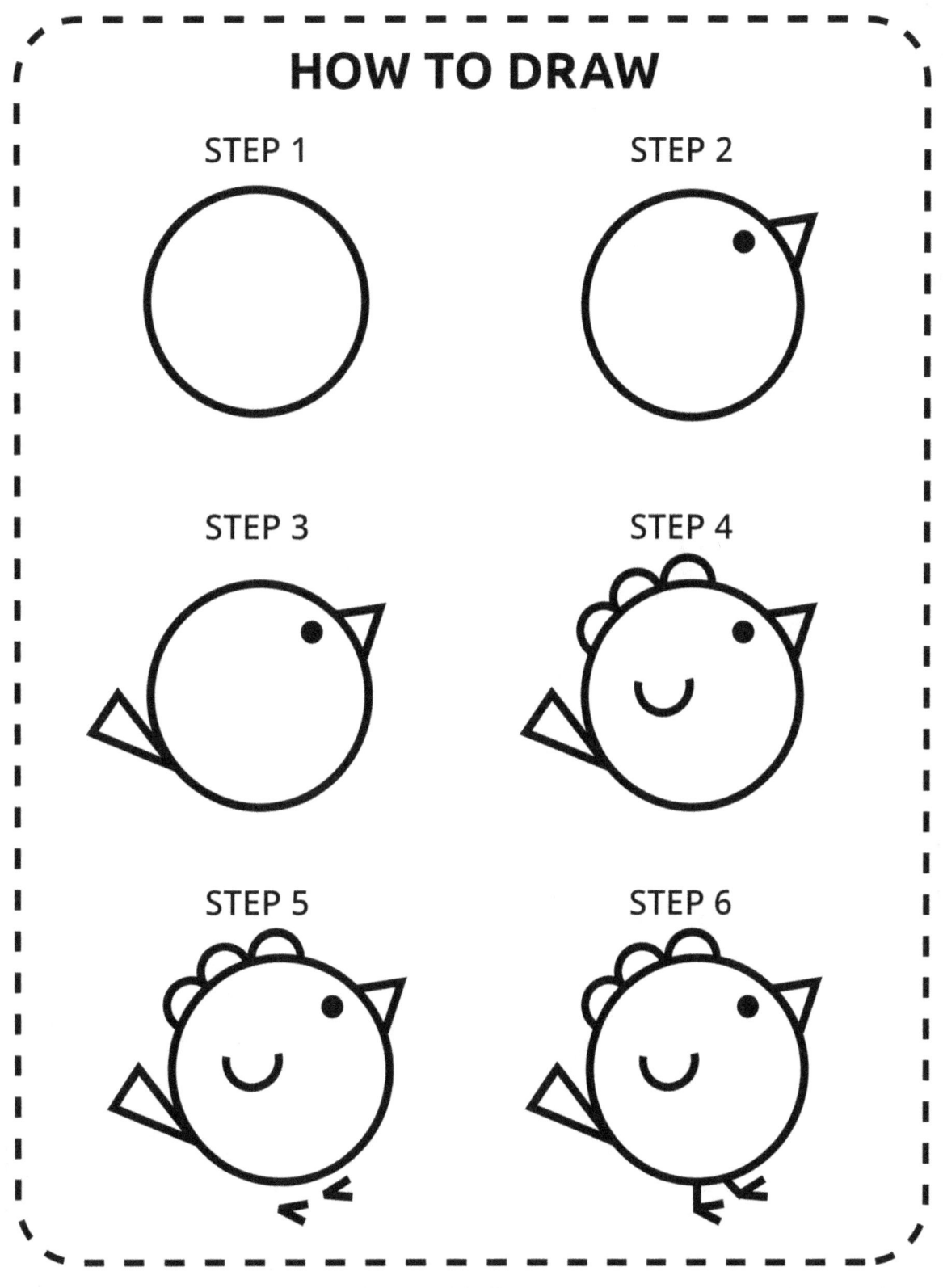

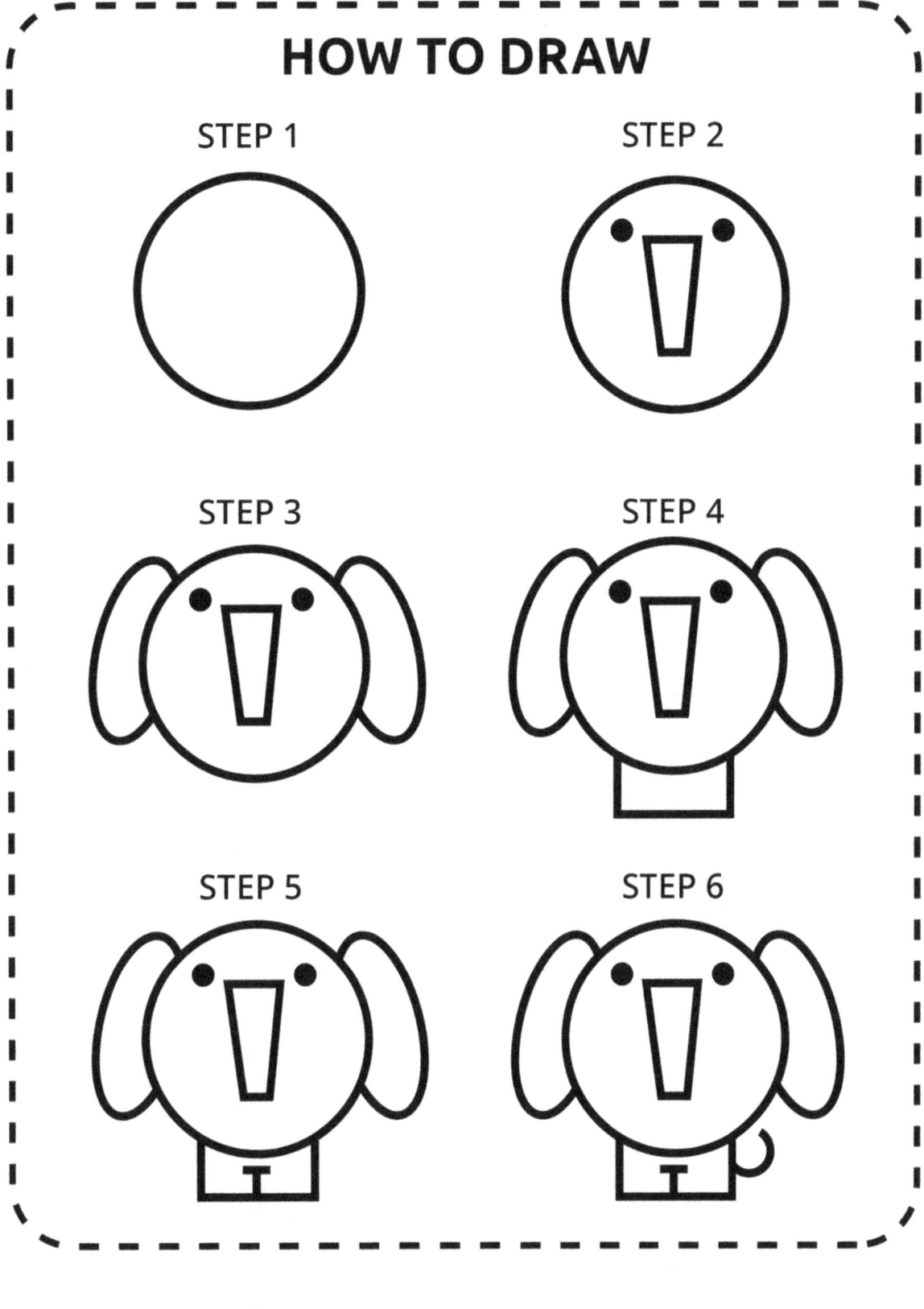

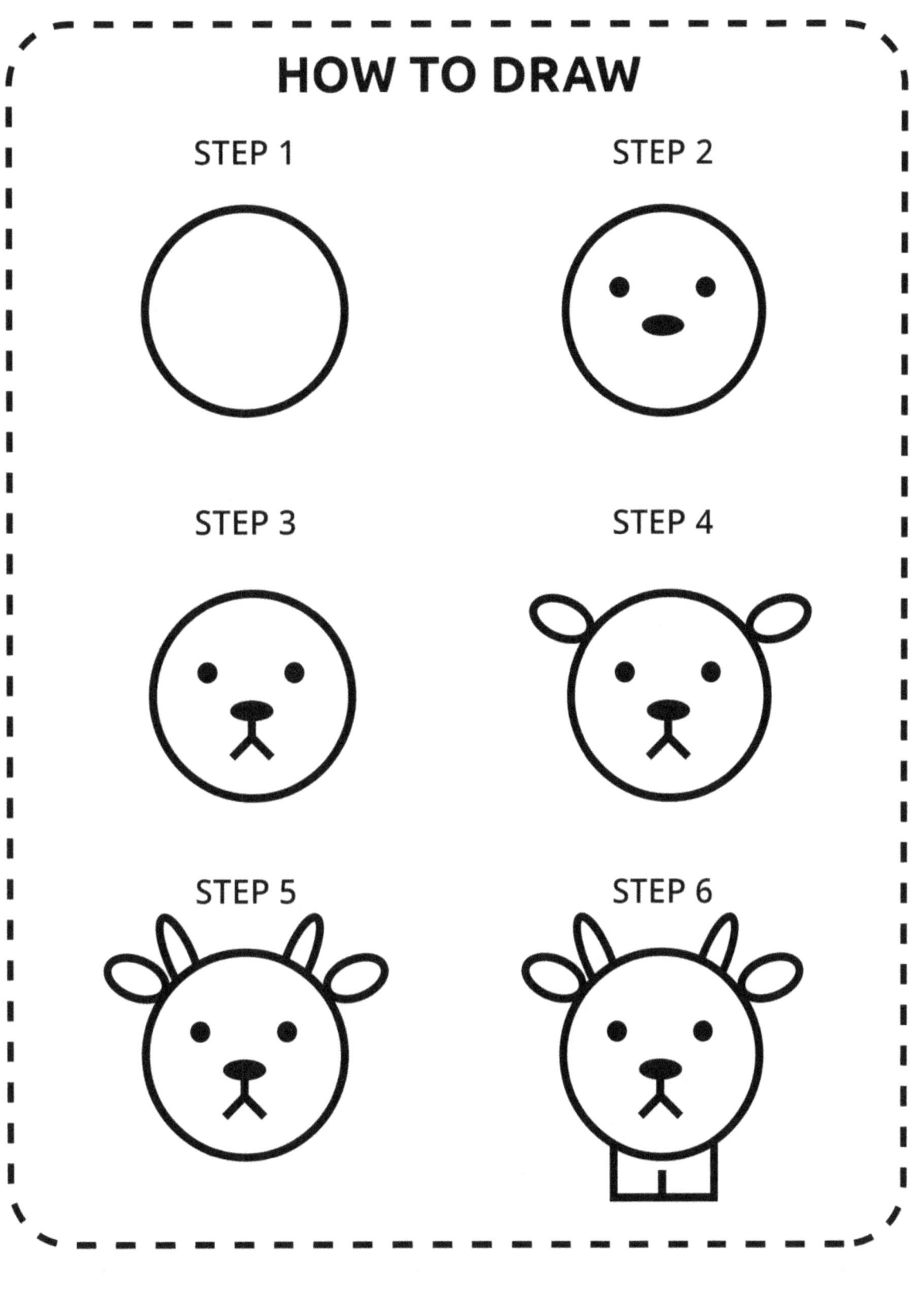

HOW TO DRAW

STEP 1

STEP 2

STEP 3

STEP 4

STEP 5

STEP 6

HOW TO DRAW

STEP 1

STEP 2

STEP 3

STEP 4

STEP 5

STEP 6

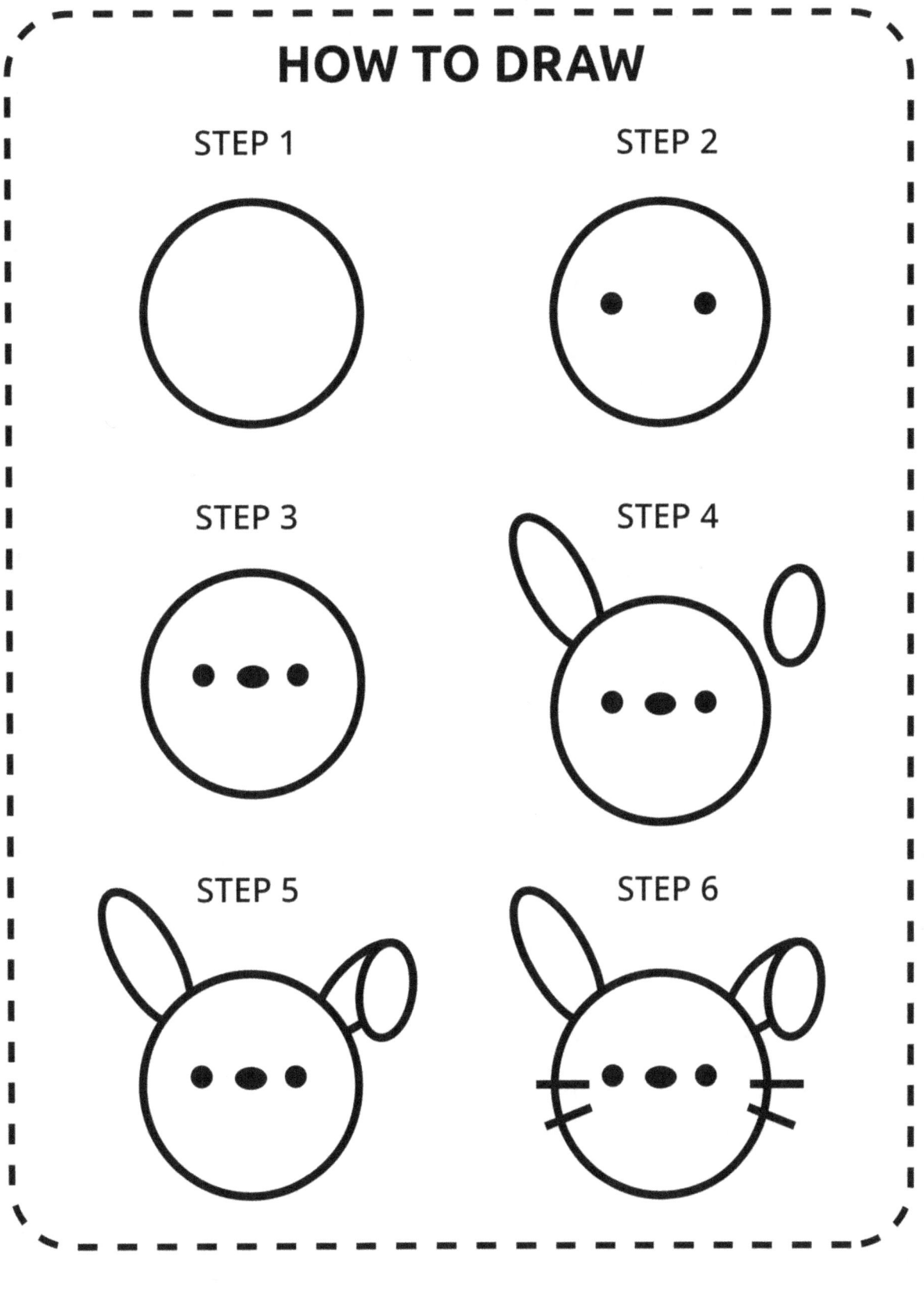

HOW TO DRAW

STEP 1
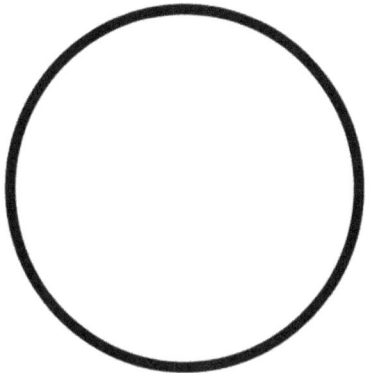

STEP 2

STEP 3

STEP 4

STEP 5

STEP 6

HOW TO DRAW

STEP 1

STEP 2

STEP 3

STEP 4

STEP 5

STEP 6

HOW TO DRAW

STEP 1

STEP 2

STEP 3

STEP 4

STEP 5

STEP 6

HOW TO DRAW

STEP 1

STEP 2

STEP 3

STEP 4

STEP 5

STEP 6

HOW TO DRAW

STEP 1

STEP 2

STEP 3

STEP 4

STEP 5

STEP 6

HOW TO DRAW

HOW TO DRAW

STEP 1

STEP 2

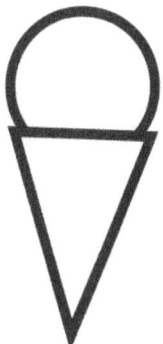

STEP 3

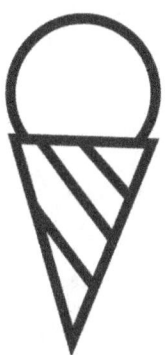

STEP 4

STEP 5

STEP 6

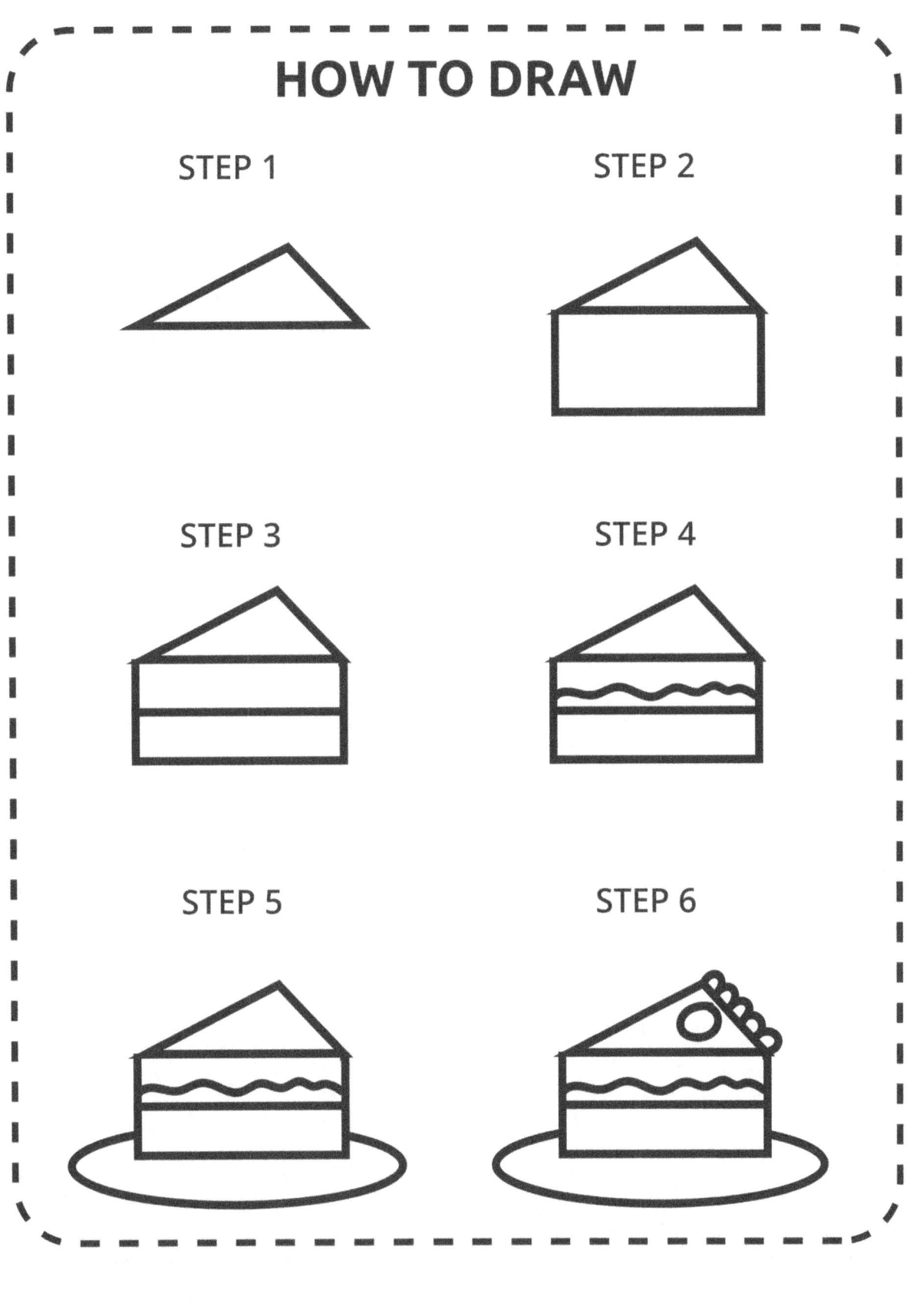

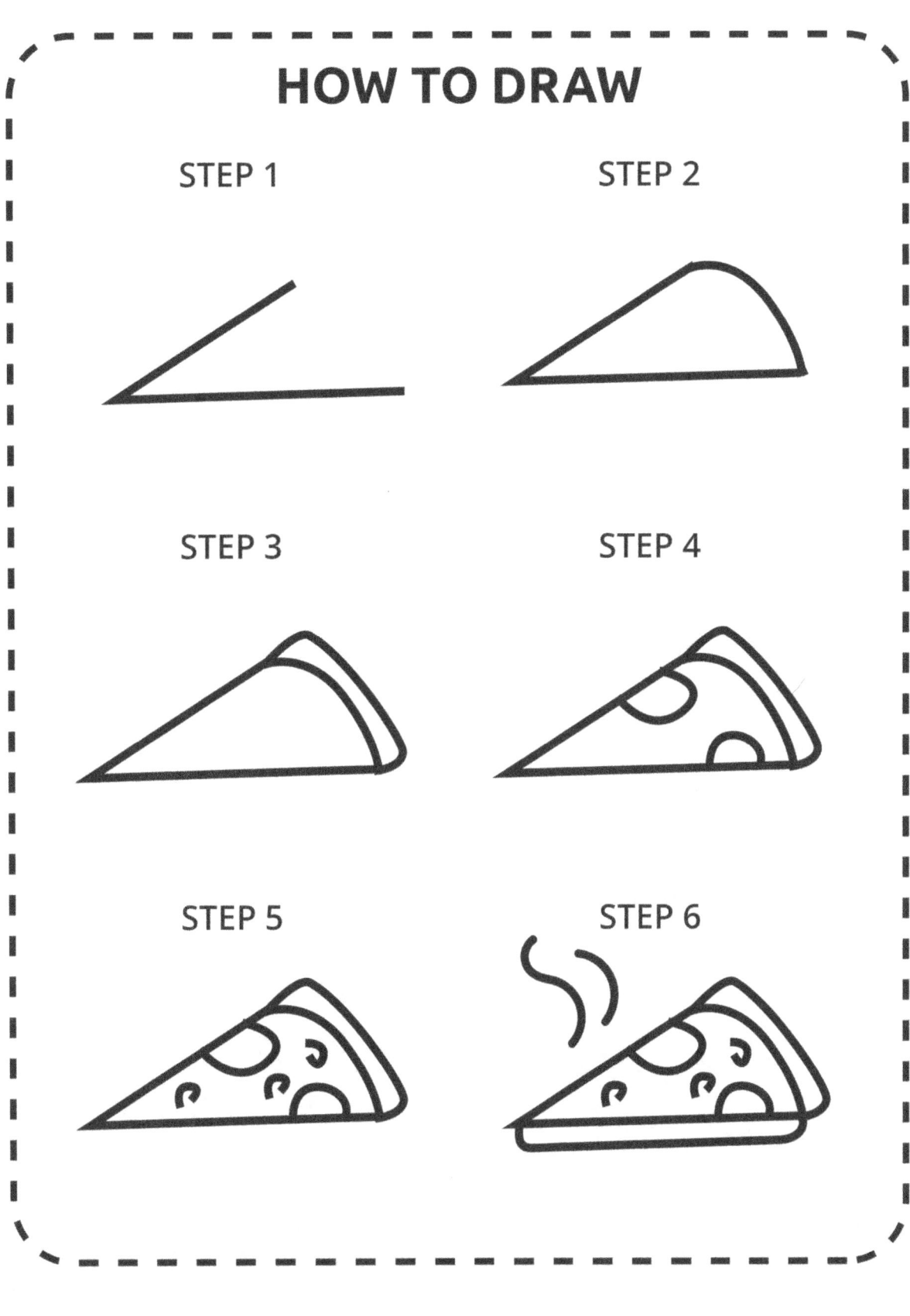

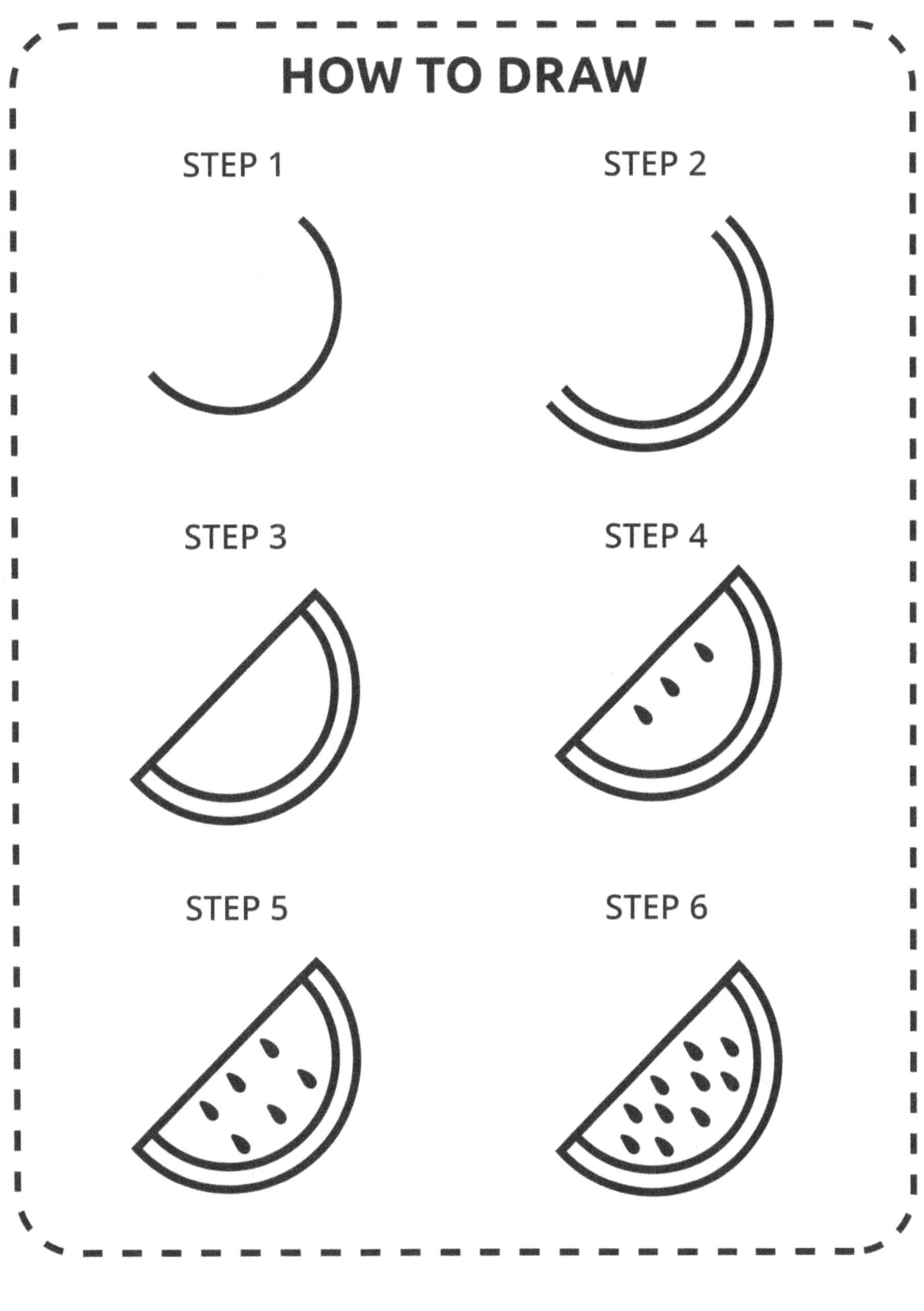

HOW TO DRAW

STEP 1

STEP 2

STEP 3

STEP 4

STEP 5

STEP 6

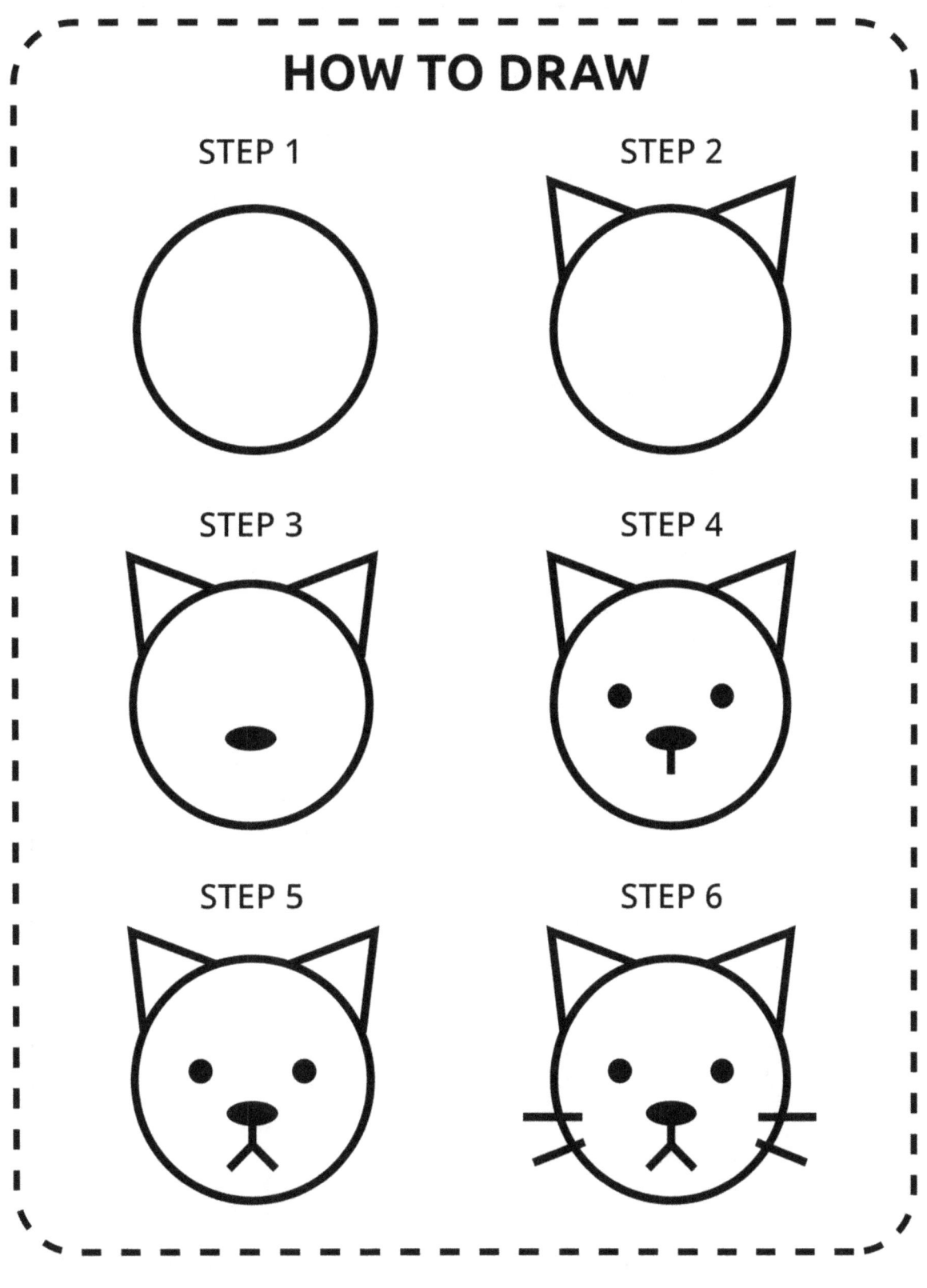

HOW TO DRAW

STEP 1

STEP 2

STEP 3

STEP 4

STEP 5

STEP 6

HOW TO DRAW

STEP 1

STEP 2

STEP 3

STEP 4

STEP 5

STEP 6

HOW TO DRAW

STEP 1

STEP 2

STEP 3

STEP 4

STEP 5

STEP 6

HOW TO DRAW

STEP 1

STEP 2

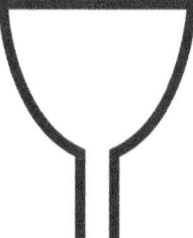

STEP 3

STEP 4

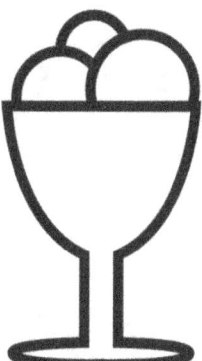

STEP 5

STEP 6

HOW TO DRAW

STEP 1

STEP 2

STEP 3

STEP 4

STEP 5

STEP 6

HOW TO DRAW

STEP 1

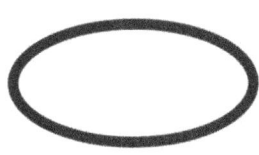

STEP 2

STEP 3

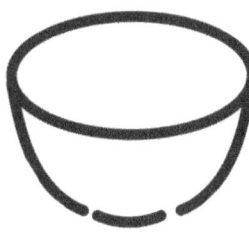

STEP 4

STEP 5

STEP 6

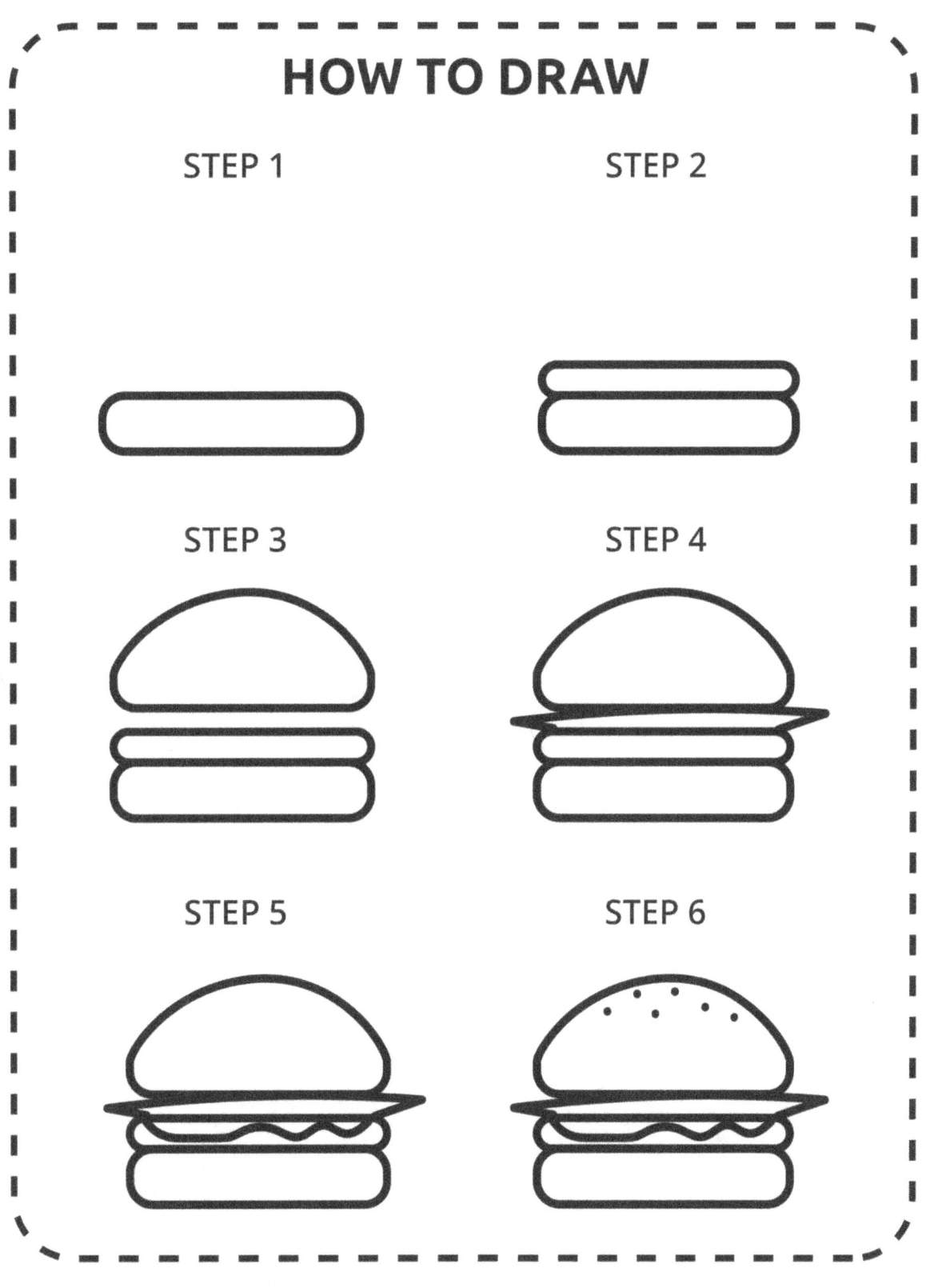

HOW TO DRAW

STEP 1

STEP 2

STEP 3

STEP 4

STEP 5

STEP 6

HOW TO DRAW

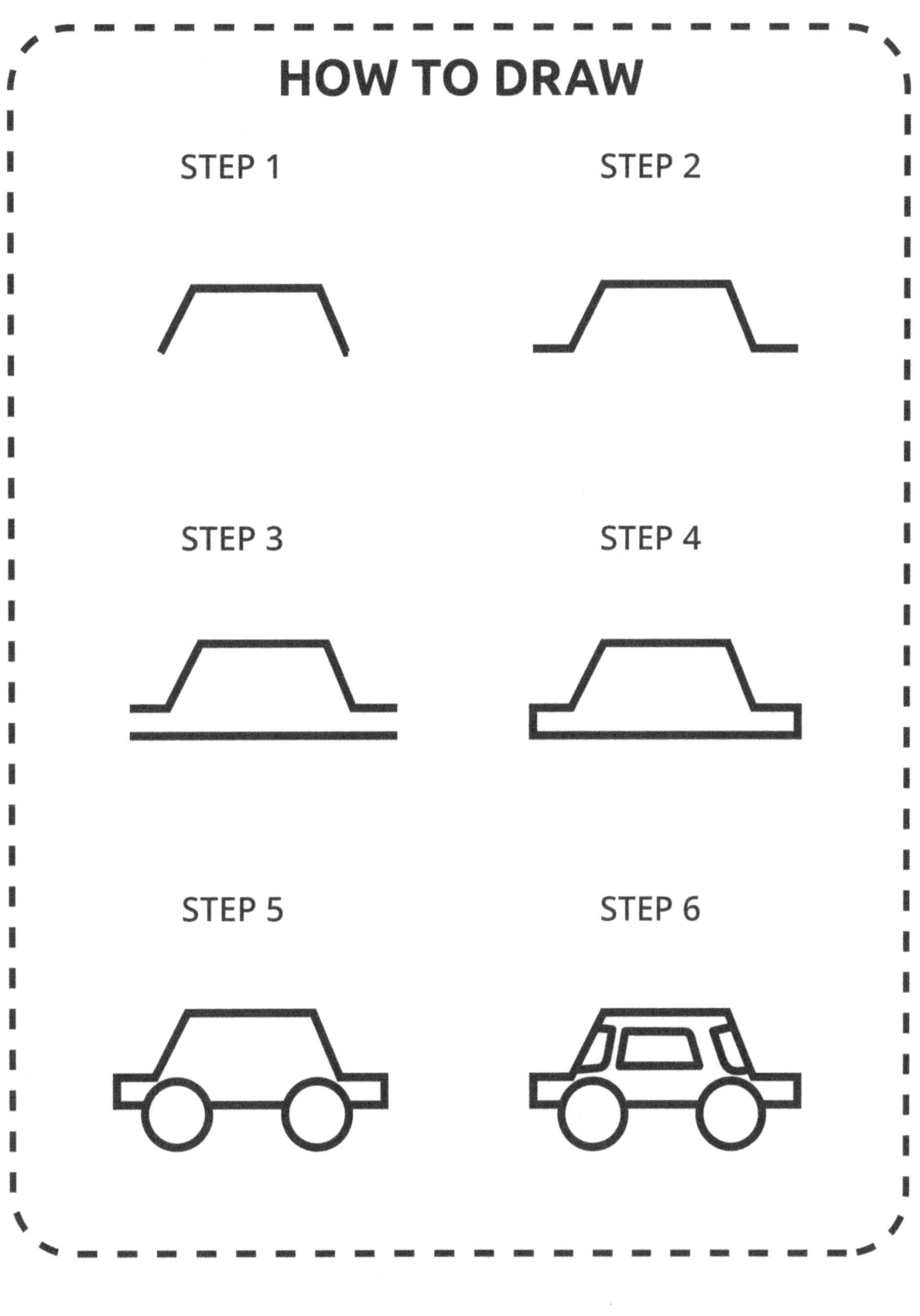

HOW TO DRAW

STEP 1

STEP 2

STEP 3

STEP 4

STEP 5

STEP 6

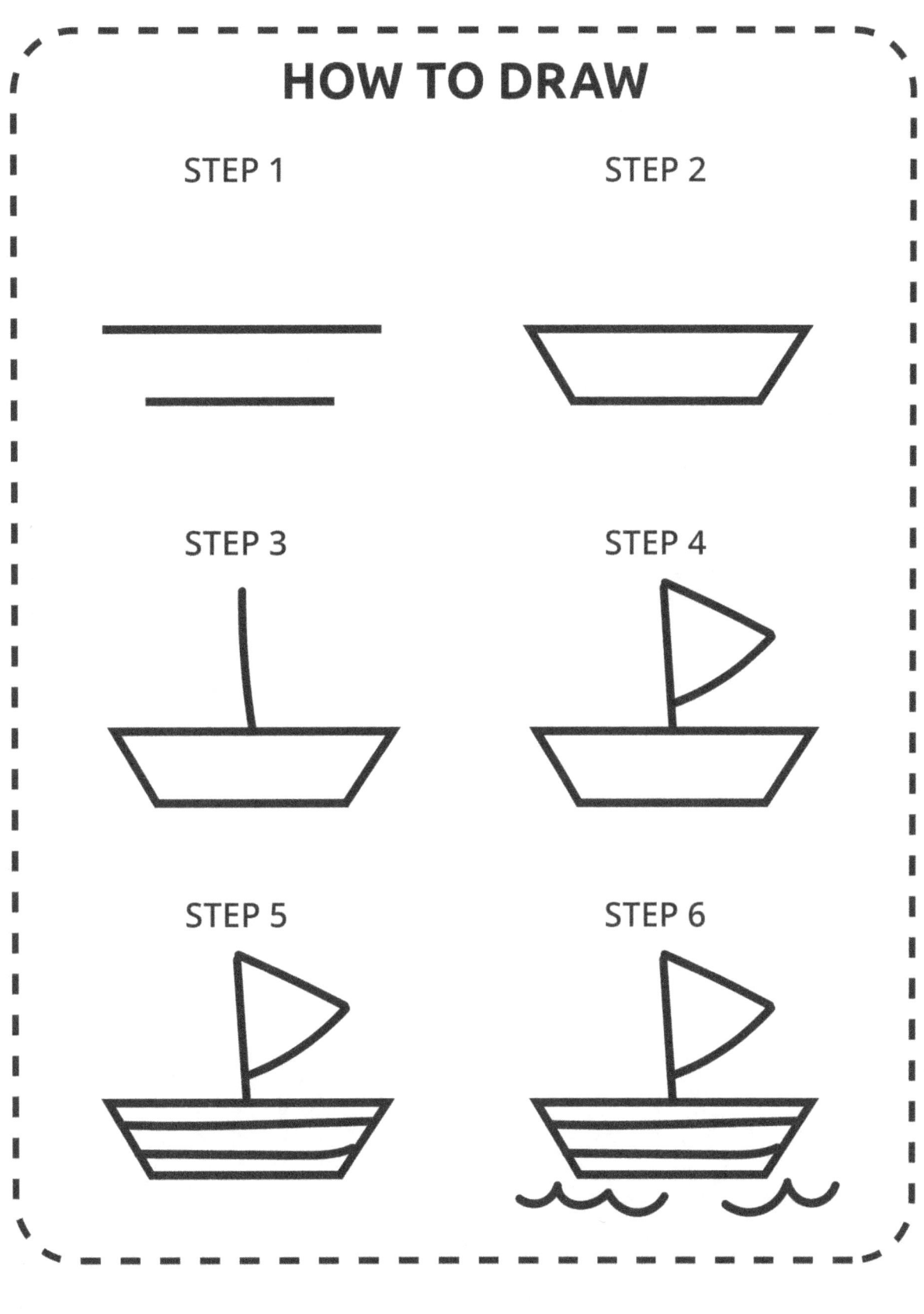

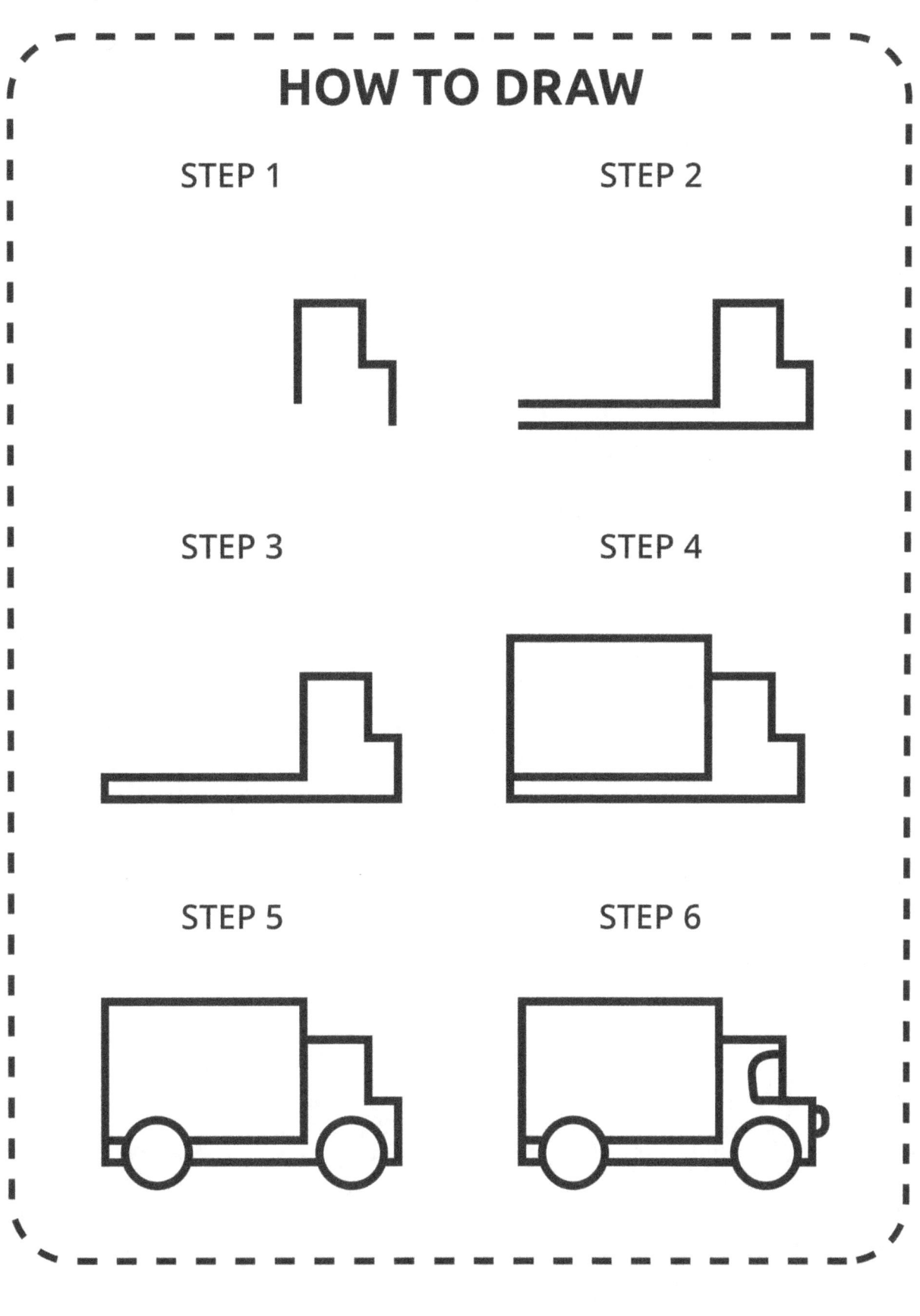

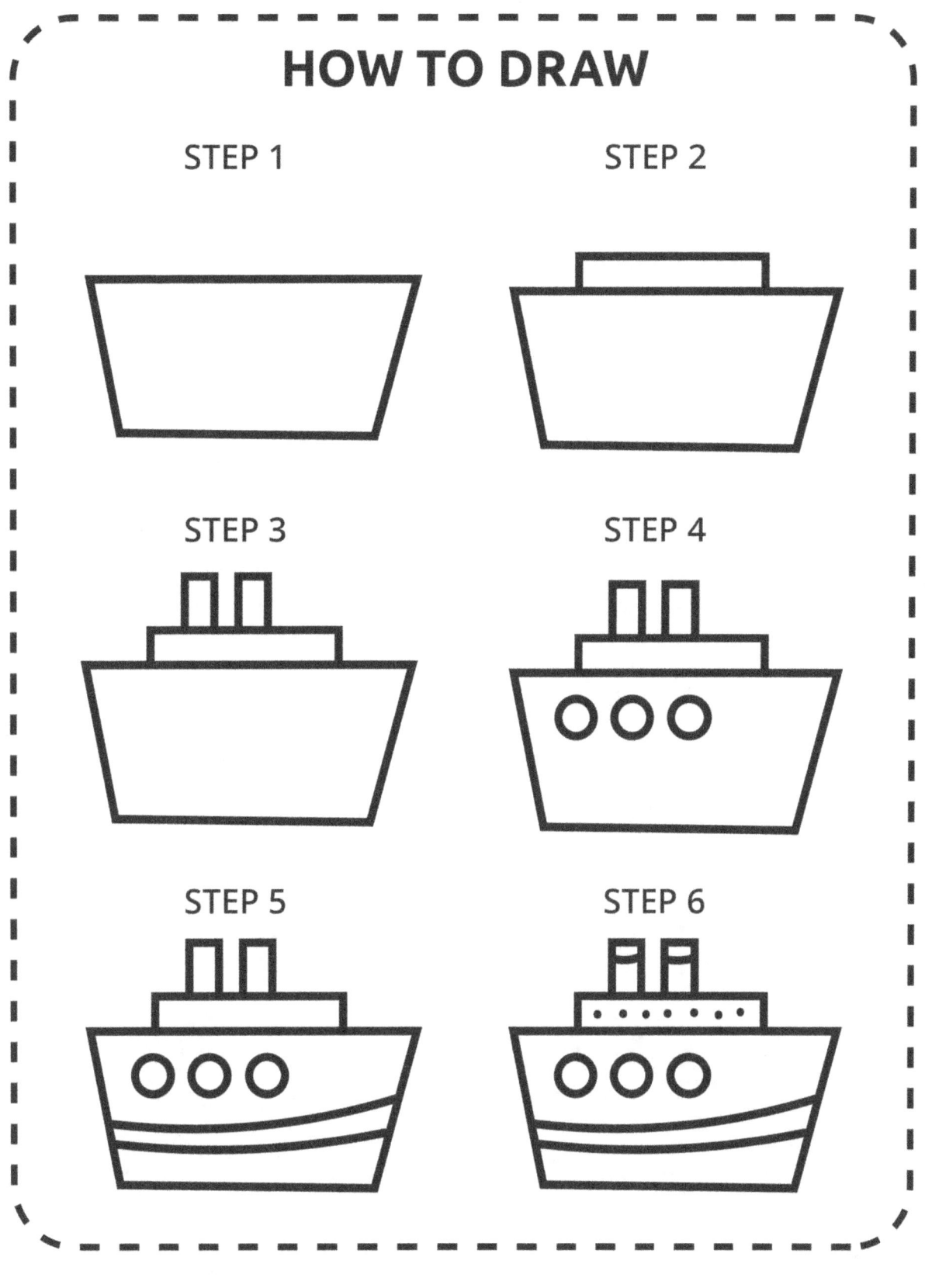

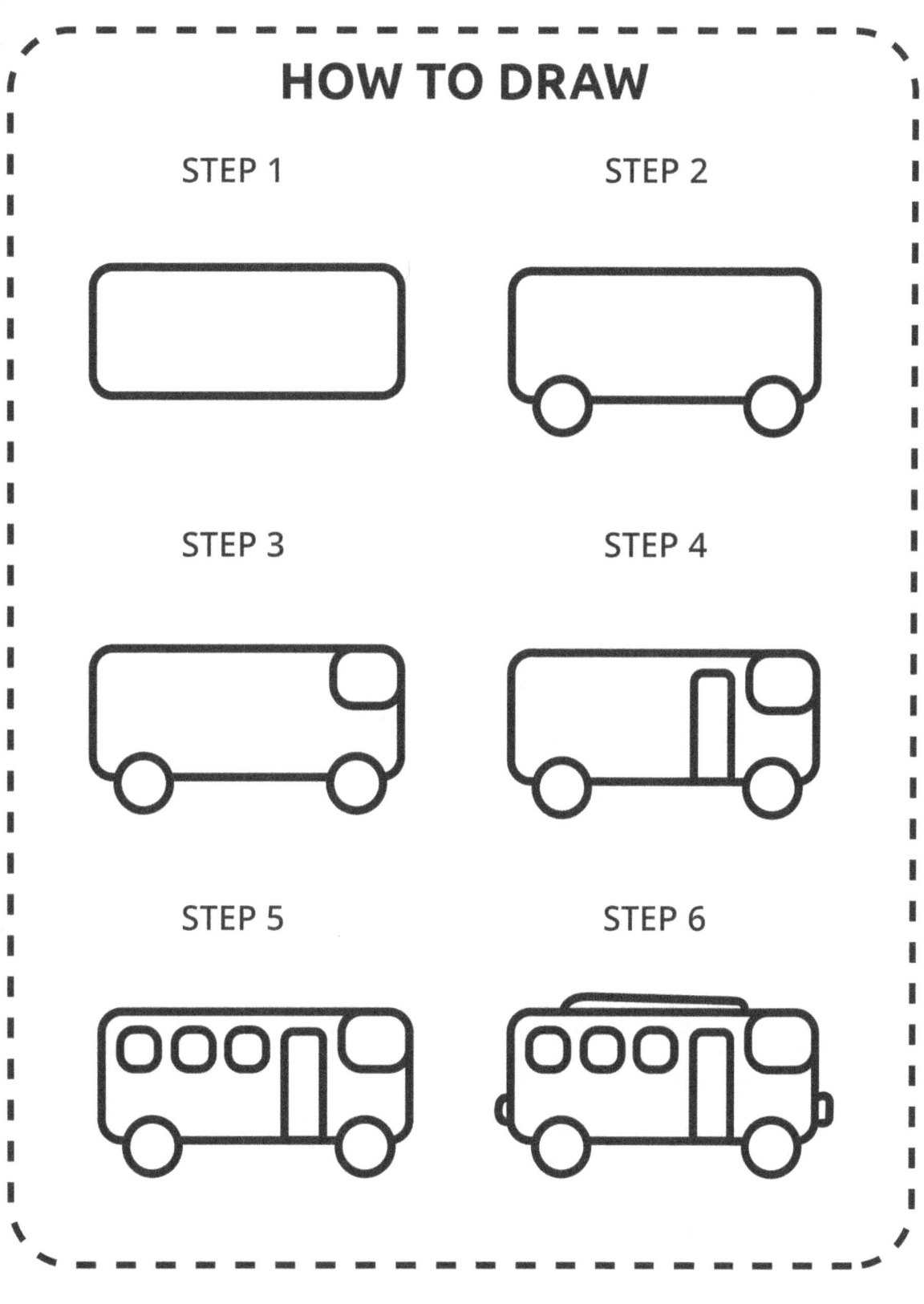

HOW TO DRAW AN EASY BEE

1 2 3

4 5 6

HOW TO DRAW

STEP 1

STEP 2

STEP 3

STEP 4

STEP 5

STEP 6

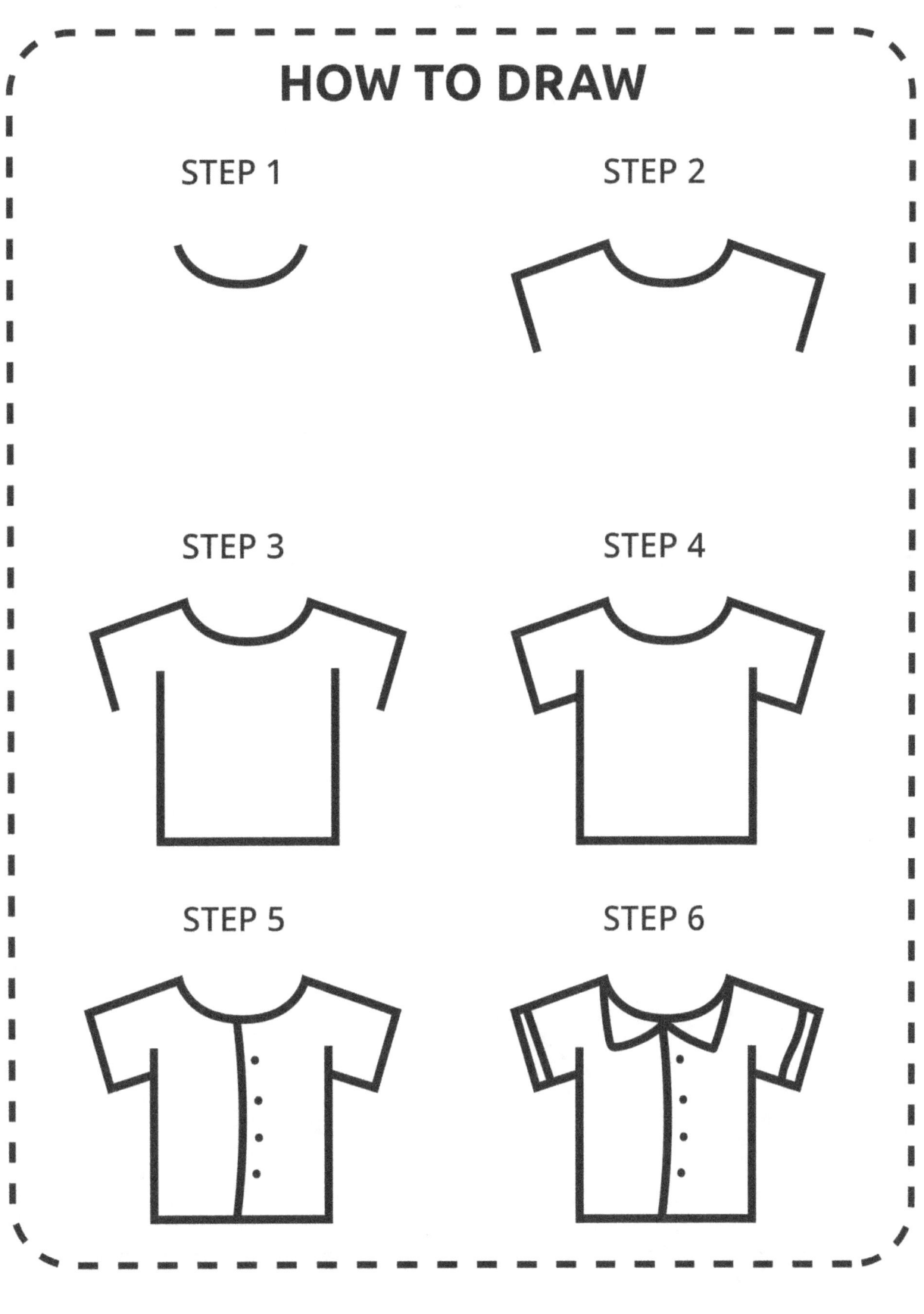

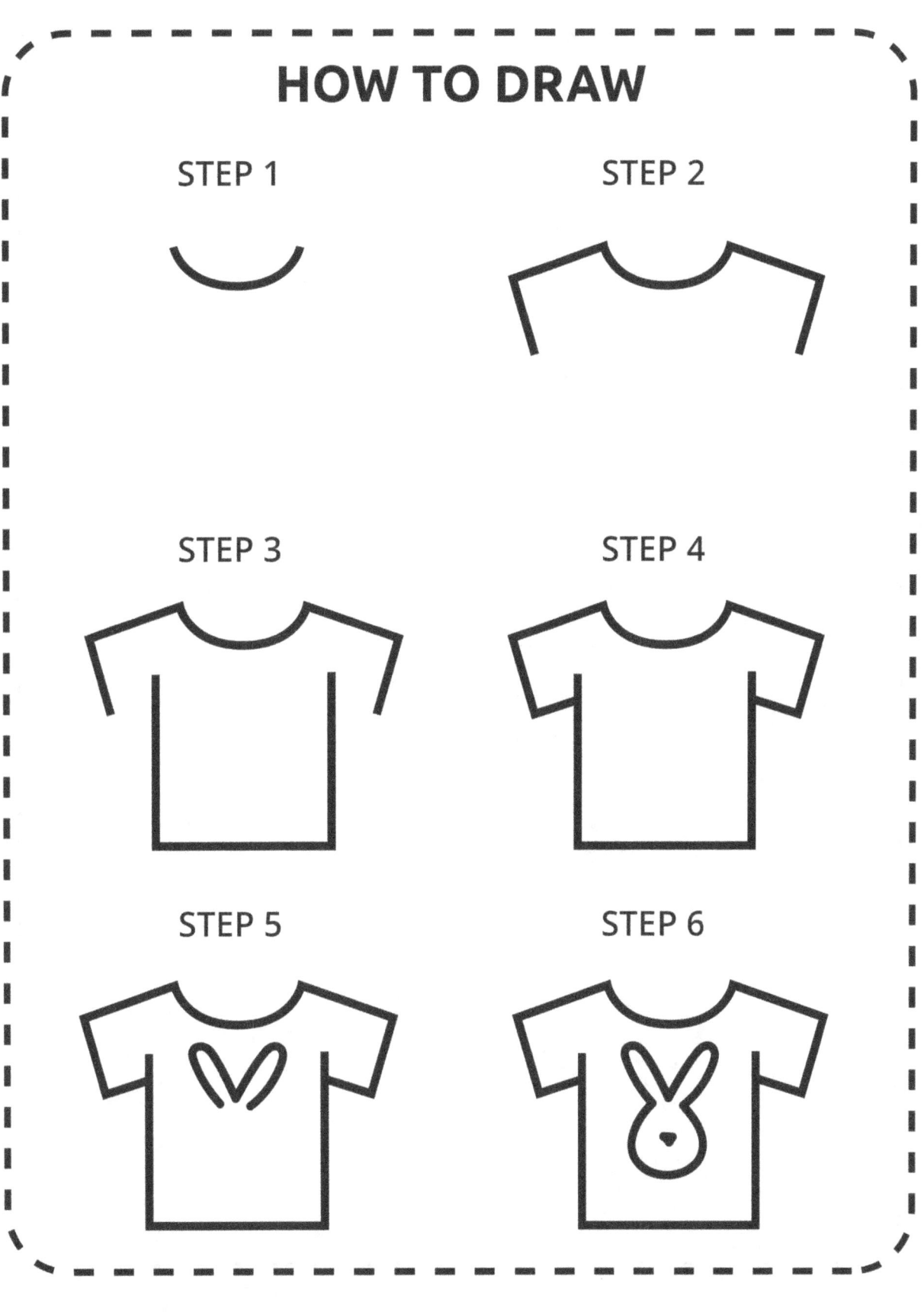

HOW TO DRAW

STEP 1

STEP 2

STEP 3

STEP 4

STEP 5

STEP 6

HOW TO DRAW

STEP 1

STEP 2

STEP 3

STEP 4

STEP 5

STEP 6

HOW TO DRAW

STEP 1

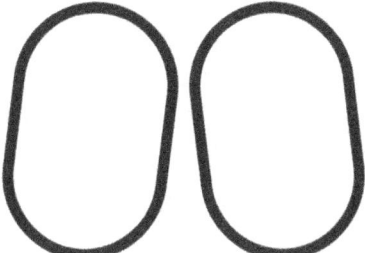

STEP 2

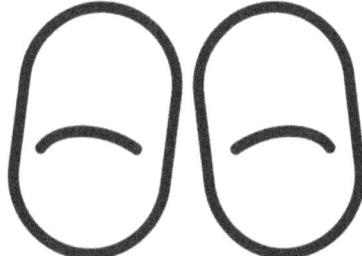

STEP 3

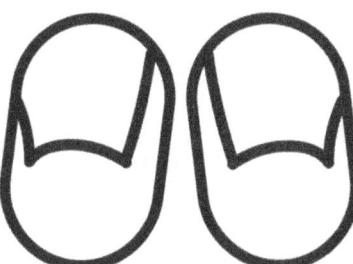

STEP 4

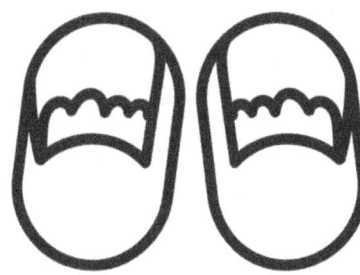

STEP 5

STEP 6

www.ingramcontent.com/pod-product-compliance
Lightning Source LLC
Chambersburg PA
CBHW081620100526
44590CB00021B/3527